어린이에게 기쁨을 주는 좋은 책을 만들겠습니다.

이 책의 내용을 교과서에서도 찾아 보세요!

국어 1-1
7. 생각을 나타내요
8. 소리 내어 또박또박 읽어요

국어 1-2
4. 자신 있게 말해요
5. 알맞은 목소리로 읽어요

국어 2-1
2. 자신 있게 말해요
3. 마음을 나누어요
4. 말놀이를 해요
6. 차례대로 말해요
9. 생각을 생생하게 나타내요

국어 2-2
3. 말의 재미를 찾아서
8. 바르게 말해요
11. 실감 나게 표현해요

나도 이제 초등학생 5

발표 안 하면 안 될까?

초등학교 저학년 학생들의 적응을 도와주고 고민도 해결해 주는 실용 동화책입니다.
또래 친구들이 겪는 재밌는 이야기와 학교생활의 비법이 담겨 있어요.
매일 아침, 학교 가는 길이 행복해질 거예요!

나도 이제 초등학생 5

발표 안 하면 안 될까?

초판 발행	2017년 02월 20일
초판 12쇄	2025년 02월 10일
글	이현주
그림	천필연
펴낸이	이재현
펴낸곳	리틀씨앤톡
출판등록	제 2022-000106호(2022년 9월 23일)
주소	경기도 파주시 문발로 405 제2출판단지 활자마을
전화	02-338-0092
팩스	02-338-0097
홈페이지	www.seentalk.co.kr
E-mail	seentalk@naver.com
ISBN	978-89-6098-463-9 74810
	978-89-6098-217-8 (세트)

이 도서의 국립중앙도서관 출판예정도서목록(CIP)은 서지정보유통지원시스템 홈페이지(http://seoji.nl.go.kr)와 국가자료공동목록시스템(http://www.nl.go.kr/kolisnet)에서 이용하실 수 있습니다.(CIP제어번호: CIP2017000931)

- 저작권법에 의하여 한국 내에서 보호를 받는 저작물이므로 무단전재 및 복제를 금합니다.
- KC마크는 이 제품이 공통안전기준에 적합하였음을 의미합니다.

KC	모델명	발표 안 하면 안 될까?	제조년월	2025. 02. 10.	제조자명	리틀씨앤톡	제조국명	대한민국
	주소	경기도 파주시 문발로 405 제2출판단지 활자마을	전화번호	02-338-0092	사용연령	7세 이상		

은 씨앤톡의 어린이 브랜드입니다.

나도 이제 초등학생 5

발표 안 하면 안 될까?

글 이현주 · 그림 천필연

들어가기 전

발표 시간이 두려운 어린이들에게

발표 시간만 되면 가슴이 쿵쾅거리고 식은땀이 흐릅니다. 괜히 선생님의 시선을 피하게 되고 발표했던 친구들을 세어 가며 내 순번이 돌아오는 건 아닐까 걱정도 해 봅니다. 발표를 하는 게 공포체험처럼 느껴지는 친구들이 분명 있을 거예요. 물론 엄마, 아빠, 형, 언니들도 발표가 무서웠던 적이 있어요. 발표를 안 하려고 요리조리 꾀를 부려 보기도 했지요. 하지만 아쉽게도 발표를 안 할 수는 없었어요. 선생님들은 발표하기 싫어하는 아이들은 꼭 알아보거든요. 더군다나 여러분이 중학생, 고등학생, 대학생, 어른이 돼서도 발표는 해야 해요.

미국의 심장 전문의 로버트 엘리엇은 이런 말을 했어요.

"피할 수 없으면 즐겨라."

발표를 못한다고, 발표하는 게 떨린다고 계속 피할 수만은 없어요. 어떻게 하면 무서운 발표 시간을 즐길 수 있을까요?

피겨 여왕 김연아 선수는 피겨를 처음 시작한 순간부터 선수가 된 후까지도 셀 수 없이 엉덩방아를 찧었다고 해요. 스케이트를 타 본 친구들은 알 거예요. 엉덩방아를 찧으면 아프기도 하고 조금 창피하기도 하지요. 김연아 선수도 마찬가지였겠죠? 하지만 김연아 선수는 엉덩방아 찧는 걸 무서워하지 않고 피겨를 즐겼어요. 피하지 않고 즐긴 긍정적인 마음이 오늘날의 김연아 선수를 만든 힘이지요.

    발표도 마찬가지예요. 누구나 처음부터 발표를 잘할 수는 없어요. 앞에 나가서 말을 더듬을 수도 있고 할 말이 마땅히 생각이 나지 않을 수도 있고 목소리가 크게 안 나올 수도 있어요. 지금 당장 잘하지 않아도 괜찮아요. 대신 조금씩만 재미를 붙여 보는 거예요.

    발표 경험이 쌓이고 쌓이면 언젠가 발표 실력도 쑥쑥 커질 거예요. 오늘은 한번 끝까지 발표를 해 보세요. 여러분은 충분히 잘할 수 있어요!

작가의 말

자신감 쑥쑥! 용기 팍팍!
발표를 잘하게 해 주는
마법 캔디가 있다면?

친구들과 이야기할 때는 아무렇지 않은데 이상하게 발표만 하려고 하면 가슴이 두근두근 뛰고, 식은땀이 줄줄 흐른다고요?

답이 맞는지, 이상한 대답은 아닐지 걱정도 될 테고요. 선생님께 칭찬받고 싶은 마음, 친구들에게 잘 보이고 싶은 마음 등 작은 욕심 때문에 긴장도 되겠죠. 많은 사람들의 시선 때문에 아무것도 생각나지 않고 머릿속이 하얗게 될지도 몰라요.

이런 경험이 쌓이다 보면 결국 '발표 안 하면 안 돼요?' 하고 발표 시간만 되면 자꾸 숨게 되죠. 그런 친구들에게 꼭 선물해 주고 싶은 캔디가 있습니다. 바로 자신감 쑥쑥! 용기 팍팍! 발표를 잘하게 해 주는 마법의 캔디예요.

이 캔디만 있다면, 틀린 답을 말해도 걱정이 안 돼요. 틀려도 괜찮다는 걸 알게 되기 때문이죠. 누구나 틀릴 수 있고 실수할 수도 있어요. 그 모든 것이 배우는 과정이죠.

이 캔디만 있다면, 선생님께 칭찬도 받고 친구들에게 박수를 받을 수도 있어요. 당당하게 자신감 있게 자신의 생각을 말하는 것. 그것만으로도 훌륭한 발표라고 할 수 있어요.

이 캔디만 있다면, 친구들의 시선이 두렵지 않아요. '잘하나 못하나' 감시하는 눈빛이 아니라 '잘해! 파이팅!' 하고 응원해 주는 눈빛이라는 걸 알게 될 겁니다.

마법의 캔디, 어디서 살 수 있는지 궁금하죠? 아쉽게도 마트에서 살 수는 없답니다. 하지만 걱정 마세요. 마법의 캔디는 이미 우리 친구들의 마음속에 숨겨져 있거든요. 이 책의 주인공 다온이, 하율이와 함께 마음속에 숨겨진 마법의 캔디를 한번 찾아볼까요?

책을 덮을 때쯤, "발표하고 싶어요!" 하고 용감하게 손들 수 있기를 진심으로 바라 봅니다.

글쓴이 이현주

차례

제1장 발표 시간이 제일 싫어 9

제2장 가슴이 두근두근, 다리가 후들후들 37

제3장 발표도 욕심 부리면 안 돼 69

제1장

발표 시간이 제일 싫어

"제가 가장 좋아하는 색은 분홍색입니다."

하율이가 씩씩하게 대답하자 친구들은 크게 웃음을 터트렸어요. 남자가 여자애들이나 좋아하는 분홍색을 좋아한다니 웃을 수밖에요.

"하율아, 분홍색이 왜 좋지?"

선생님이 웃는 아이들을 진정시키고 부드러운 미소로 하율이에게 물었어요. 하율이는 이번에도 씩씩하게 대답했습니다.

"예쁘잖아요. 저에게도 잘 어울리는 색이고요."

친구들은 이번에도 웃음을 터트렸습니다. 그러자 하율이도 얼마 전에 빠져 비어 있는 앞니를 드러내며 씨익 웃었어요.

하율이는 반 친구들이 인정한 개그맨이에요. 하율이는 늘 기발한 장난을 쳐요. 얼마 전에는 하율이가 아기 고양이 소리를 냈는데, 어찌나 똑같이 냈는지 친구들은 정말 교실에 아기 고양이가 숨어들어 온 줄 알고 구석구석 찾아다닐 정도였죠. 청소함 옆에 숨어서 고양이 소리를 내고 있는 하율이를 발견하지 못했으면 아마 한참을 더 찾았을 거예요.

하율이는 친구들 흉내도 잘 내요. 친구들의 특징을 찾아내, 특이한 버릇이나 말투 등을 따라하죠. 물론 친구들이 기분 나빠하지 않을 정도로만요.

밝고 재미있는 하율이 덕에 친구들은 늘 배를 잡고 웃곤 합니다. 그럴 때면 하율이는 세상 다 가진 사람처럼 행복한 미소를 짓죠. 왜냐하면 하율이의 꿈은 유재석 아저씨의 뒤를 이을 최고의 개그맨이거든요. 선생님은 하율이가 관찰력이 뛰어나기 때문에 흉내도 재밌게 잘 내고 말할 거리도 늘 풍부한 거라고 말씀하셨어요.

오늘도 하율이의 발표에 교실은 한바탕 웃음 폭탄이 터졌습니다. 아, 딱 한 사람. 하율이 뒷자리에 앉은 다온이만 빼고요. 다온이는 하율이 대답에 관심 없는 듯 눈을 내리깔고 책만 바라볼 뿐이죠. 그러다가 하율이가 엉뚱한 대답을 할 때면 나지막이 속삭여요.

"바보."

도대체 친구들이 놀리는 게 뭐가 좋다고 저렇게 웃는지, 다온이는 하율이가 이해가 가지 않아요.

물론 하율이의 말은 거짓말이 아

니에요. 위로 누나가 둘이나 있다 보니 누나들의 분홍색 티셔츠나 점퍼를 물려 입을 때도 있고, 학용품도 분홍색이 종종 끼어 있거든요.

"하율이는 여자래요! 여자 색 옷 입었대요." 하고 친구들이 놀리면 오히려 쯧쯧 혀를 차며 "아직 어리군. 색깔에 남자 색 여자 색이 어디 있냐? 나는 분홍색도 좋고 파란색도 좋아." 하고 당당하게 말합니다. 그러니 자신이 좋아하는 색을 말해 보라는 선생님의 질문에 분홍색이 좋다고 말한 것이 잘못된 일은 아니죠.

하지만 다온이는 그게 이해가 되지 않아요. 분홍색을 좋아한다고 하더라도 친구들이 놀릴 게 뻔한데 뭐하러 굳이 손을 들고 발표를 하는 걸까요?

다온이는 여전히 헤헤 웃고 있는 하율이의 뒷모습을 바라보다 고개를 절레절레 저었죠.

선생님도 이해가 되지 않아요. 하율이가 말도 안 되는 소리를 하면 따끔하게 혼을 내 주셔야지 왜 웃어 주시는 걸까요? 이런 다온이의 궁금증은 친구들의 행동을 보고 이내 풀렸어요.

선생님이 질문을 던지면 친구들은 모두 무슨 잘못이라도 한 것처럼 고개를 푹 숙입니다. 혹시 선생님과 눈이 마주치면 발표를 시킬까 봐 겁이 나는 거죠. 그런데 이럴 때 항상 하율이가 손을 번쩍 들어요. 누구를 시켜야 할지 고민하던 선생님은 하율이를 보며 다시 표정이 환해지죠.

"좋아. 하율이가 한번 말해 볼까?"

선생님이 방긋 웃으며 말씀하시면 하율이는 자신감 있게 자신의 생각을 쏟아 내요. 당연히 하율이답게 엉뚱하고 재미있는 내용이라 친구들은 "와!" 하고 웃음을 터트리죠. 그런데 중요한 건 그 다음이에요. 하율이가 발표를 하고 나면 친구들은 긴장을 풀고 너도 나도 손을 들어 발표를 이어 가는 거예요. 아마 친구들은 하율이의 발표를 듣고 '꼭 잘해야 하는 건 아니야!', '내 생각을 말하는 데 정답이 있는 건

아니구나.' 하는 생각이 들어 자신감이 생기나 봅니다.

그런데 다온이는 친구들과 생각이 조금 달라요. 정답이 아닌 걸 왜 말해야 하는지도 모르겠고, 틀린 답을 말해 친구들이 웃는 것도 싫어요. 이왕이면 선생님과 친구들에게 "우아! 다온이 정말 잘한다!", "역시 다온이는 똑똑해. 어떻게 그런 걸 알았어?" 같은 말을 듣고 싶거든요.

다온이는 공부를 잘해요. 특히 수학을 좋아해서 시험만 봤다 하면 무조건 100점이죠. 다온이가 수학을 좋아하는 건 계산하는 과정이 재미있기도 하지만, 답이 명확하기 때문이에요. 하지만 생각을 표현해야 하는 건 이게 맞는지 틀린지 알 수 없기 때문에 섣불리 대답을 할 수 없는 거예요.

"생각에는 정해진 답이 없어요. 그러니 여러분의 생각 하나하나가 모두 정답이죠."

선생님은 이렇게 말씀하시지만 어떤 대답에는 칭찬하시고 어떤 대답에는 그냥 고개만 끄덕이고 넘어가시는 걸 보면 선생님 머릿속에 분명히 정답이 있을 거라고 다온이는 생각해요.

'내가 사람의 마음을 꿰뚫어 볼 수 있는 것도 아니고 선생님 머릿속에 있는 정답을 어떻게 맞혀! 틀리느니 대답을 안 하는 게 낫지.'

다온이가 이렇게 결심을 하게 된 것도 그 때문이에요. 그러다 보니 처음에는 그냥 피하던 발표가 어느 순간 두려운 존재가 되었어요.

"또 누가 발표해 볼까?"

선생님의 목소리가 들리면 다온이의 가슴은 쉴 새 없이 두근거립니다. 난쟁이가 다온이의 가슴에 숨어 뚝딱뚝딱 망치질을 하는 것도 같고, 머릿속 생각들이 뱅글뱅글 제멋대로 돌아다니는 기분이죠. 그래서 발표 시간만 되면 다온이의 머리는 자꾸 아래로 향해요.

'다온이가 오늘도 고개를 푹 숙이고 있네.'

다온이 곁을 지나가는 선생님의 마음이 좋지 않습니다.

고개를 숙이는 이유가 '나 발표하기 싫어요. 절대 시키지 마세요.'란 것쯤은 선생님도 잘 알고 있어요. 하지만 싫다고 피하기만 하면 다온이는 어른이 되어서도 남들 앞에서 말하는 것을 힘들어 할지도 몰라요. 그래서 선생님은 다온이뿐 아니라 발표를 두려워하는 아이들을 위해 좋은 방법이 없을까 항상 고민하죠. 선생님은 좋은 방법을 생각했어요.

"여러분, 오늘은 아주 중요한 숙제가 있어요."

'숙제'라는 말에 반 친구들은 모두 "아!" 하며 탄성을 내뱉습니다. 선생님은 그런 아이들이 귀여운지 미소를 짓고는 칠판에 숙제 내용을 적었어요.

'나의 꿈을 자랑해요.'

이번에도 여기저기서 탄식이 새어 나옵니다. 그런데 이 숙제는 여기서 끝이 아니에요.

"이번 주 금요일 공개수업 때 부모님 앞에서 자신의 꿈을 멋지게 자랑할 거예요. 자신의 꿈이 무엇인지, 왜 그런 꿈을 갖게 되었는지, 꿈을 위해 어떤 노력을 하고 있는지, 꿈을 이룬 뒤에는 어떤 것을 하고 싶은지 발표할 준비를 해 오면 됩니다."

"으악! 발표요?"

선생님의 말이 끝나기가 무섭게, 다온이는 마음속으로 외친 말을 자신도 모르게 입 밖으로 내뱉고 말았어요. 자리에서 벌떡 일어나 소리치는 다온이의 모습에 친구들은 킥킥거렸죠.

"다온이가 이렇게 좋아할지 몰랐네. 기대할게, 다온아."

선생님의 말에 친구들은 다시 한 번 웃음을 빵 터트렸어요. 그제야 자신이 무슨 일을 한 건지 알게 된 다온이는 새빨개진 얼굴을 두 손으로 가리며 자리에 앉았어요.

'한 사람도 빼놓지 않고 모두 발표를 해야 한다니. 그것도 부모님 앞에서 해야 한다니……'

다온이는 얼마 전 한자 학습 만화에서 본 고사성어가 떠올랐어요.

疊 疊 山 中
겹쳐질 첩, 겹쳐질 첩, 뫼 산, 가운데 중

여러 산이 겹치고 겹친 산속이란 뜻으로 어려움이 더해지는 것을 의미하는 고사성어입니다. 분명히 이럴 때 쓰는 말이겠죠? 다온이는 자신이 마치 여러 산이 겹쳐 있는 깊은 산속에서 길을 잃은 것 같은 느낌이 들었어요.

"다온아, 너 꿈이 뭐라고 했지? 디자이너랬나? 발명가? 아! 얼마 전에 병원 다녀와서 의사 선생님처럼 되고 싶다고 했었지? 우리 다온이가 뭘 발표하면 좋을까?"

알림장을 본 다온이 엄마는 마음이 급해져 말이 빨라졌어요. 얼마 전 공개수업을 한다는 가정통신문을 받았을 때도 비슷한 반응이었죠.

"다온아, 그날 엄마 어떤 옷 입을까? 얼마 전에 산 하늘색 원피스 입을까? 아니면 그냥 블라우스에 바지가 나으려나? 아, 맞다! 가기 전에 미용실도 다녀와야겠다. 엄마 머리 너무 엉망이지?"

많은 엄마들이 참석하는 자리인 만큼 다온이 엄마 역시 좋은 모습으로 가고 싶은 게 당연하겠죠. 그날 어떤 옷을 입으면 좋을지, 어떤 가방을 들고 갈지, 머리는 어떻게 할지 한참을 고민하던 엄마의 모습이 떠오른 다온이는 절로 한숨이 새어 나왔어요. 공개수업이 엄마에게 그만큼 중요한 날인 거죠.

다온이를 초등학교에 보내며 아이가 적응은 잘하고 있는지, 공부는 열심히 하고 있는지, 학교에서 어떤 모습인지 엄마는 항상 궁금했어요. 잘 지낼 거라고 생각하면서도 이런저런 걱정이 되기도 했죠.

그러니 엄마는 학교에 직접 가서 다온이가 공부하는 교실도 보고, 공부하는 모습도 지켜볼 수 있는 공개수업 날만 손꼽아 기다렸어요. 물론 공개수업에서 다온이가 발표를 잘하는 모습을 보면 좋겠지만 꼭 잘하지 않아도 엄마는 괜찮아요. 다온이의 학교생활을 직접 보는 것만으로도 충분히 설레는 일이거든요.

"우리 다온이가 공개수업 한다는데 왜 내가 이렇게 떨리는지 모르겠어. 안 그래도 우리 꼬맹이 학교 보내 놓고 수업 받는 모습이 어떨지, 친구들하고는 잘 어울리는지, 궁금했거든. 마냥 애기 같기만 한데, 언제 이렇게 컸는지……. 마음이 괜히 이상해."

소연이 이모와 전화로 한참 수다를 떨던 엄마는 책을 읽고 있는 다온이를 보며 미소를 지었어요.

엄마는 예쁘게 잘 자라주고 있는 다온이가 새삼 고맙게 느껴졌어요. 소연이 이모의 말에 고개를 끄덕이면서도 엄마는 다온이를 계속 바라봤어요.

하지만 그런 엄마의 마음을 알 리 없는 다온이는 나지막이 한숨을 쉬었어요.

선생님이 발표를 시킬까 두려워 고개를 푹 숙이고, 발표를 하게 되면 긴장해 한마디도 못하는 평소 다온이의 모습을 본다면 엄마가 실망할 것 같기 때문이에요.

그래서 다온이는 더욱 마음이 좋지 않았어요. 엄마가 공개수업 애기를 꺼낼 때마다 다온이는 자꾸 작아지는 기분이었죠.

　공개수업 일에 발표를 해야 한다는 것이 얼마나 부담이었는지 다온이는 끔찍한 꿈까지 꿨어요.

　평소와 다름없는 수업 시간. 모두가 즐거운 모습으로 자리에 앉아 수업을 받고 있는데 엄지손가락만큼 작아진 다온이는 의자에 올라가지도 못하고 끙끙대고 있었어요.
"애들아, 나 여기 있어."
다온이는 친구들에게 도와 달라고 외쳤지만, 작아진 다온이의 키만큼 더 작아진 목소리는 친구들에게 전혀 들리지 않았어요. 아무도 자신의 목소리를 들어주지 않자, 다온이는 그 자리에 털썩 주저앉아 엉엉 울기만 했죠. 반면에 친구들은 다온이가 울고 있다는 사실도 모르고 즐겁게 수업을 받았어요. 친구들의 웃음소리가 커질수록 다온이는 더 서글프게 울었어요.

"으악!"

소리를 지르며 잠에서 깬 다온이는 자신의 몸을 이리저리 살핀 후 주변을 둘러봤어요. 그리고는 꿈이었다는 사실에

안도의 한숨을 내쉬었죠.

그런데 순간, 다온이의 머릿속을 스쳐 가는 것이 있었어요. 후다닥 자리에서 일어난 다온이는 책상 위 달력을 서둘러 들여다봤어요.

빨간 동그라미가 그려져 있는 날짜. 맞아요. 드디어 그날이 왔어요. 오늘이 바로 그 공개수업이 있는 날이에요.

발표 불안증을 이기는 4가지 방법

> 평소에는 말을 잘하는데 이상하게 발표만 하려고 하면 불안하고 떨리는 증상, 발표 불안증. 그건 어린이들뿐만 아니라 어른들에게도 많이 나타나는 증상이에요. 하지만 두렵고 떨린다고 해서 피하기만 하면 안 되겠죠? 그럼 발표 불안증을 이겨내고 당당하게 내 생각을 발표할 수 있는 방법을 알아볼까요?

1. 잘할 수 있다는 자신감 갖기

발표를 잘하는 친구들은 공통적인 특징이 있어요. 바로 '자신감이 넘친다'는 것이죠. 자신감은 '어떤 일을 해낼 수 있다고 스스로 믿는 느낌'을 말해요.

'난 친구들 앞에서 말을 잘 못하는데…….', '실수하면 어쩌지?' 등의 생각은 자신감을 떨어뜨려요. 그러니 나는 잘할 수 있다고 스스로에게 용기를 주세요! 그리고 주먹을 불끈 쥐고 걱정과 불안감으로 움츠렸던 가슴을 쫙 펴 보세요.

2. 또박또박 큰 소리로 말하기

 발표는 많은 사람들 앞에서 자신의 생각을 표현하는 거예요. 그러니 모두가 들을 수 있도록 큰 소리로 또박또박 천천히 말하는 연습이 필요해요.
 먼저, 크고 부드러운 목소리로 책을 읽는 연습을 해 보세요. 또박또박 정확한 발음으로 너무 빠르지도, 느리지도 않은 적당한 속도로 읽는 연습을 하다 보면 발표할 때도 또박또박 큰 소리로 말할 수 있어요.

3. 실수도 인정하는 긍정적인 마음 찾기

 실수는 누구나 할 수 있어요. 혹시 실수를 했다면 실수한 내용을 솔직하게 인정하고, 다시 바로잡으면 돼요. 생각이 안 나면 솔직하게 생각이 나지 않는다고 말해도 괜찮아요. 당황하지 말고 여유와 재치로 넘어간다면 친구들에게는 더욱 좋은 인상을 남길 수도 있어요.
 발표 후 조금 못했다는 생각이 들거나, 실수 때문에 속상하더라도 '잘했어! 다음에는 더 잘하자!' 하고 긍정적인 말로 자기 자신을 칭찬해 주세요. 그러는 동안 내 마음속 자신감 나무는 용기와 칭찬을 먹고 쑥쑥 자라고 있을 거예요. 실수에 대한 걱정은 훌훌 털고 용기 있게 "저요!" 하고 손을 번쩍 들어 보세요.

4. 자주 발표해 보기

그림을 잘 그리고 싶으면 그림을 자주 그려야 하고, 축구를 잘하고 싶으면 축구를 자주 해야 하고, 피아노를 잘 치고 싶으면 피아노를 자주 쳐야 합니다. 발표도 마찬가지예요. 자주 발표할 기회를 가져야 발표도 잘할 수 있겠죠? 내가 아는 내용이라면 무조건 손을 번쩍 들고 발표해 보세요. 수업 중 궁금한 게 있다면 그때도 손을 들고 선생님께 질문해 보세요. 그런 작은 실천이 쌓여 큰 변화를 가져올 거예요.

> 자신을 믿어라, 자신의 능력을 신뢰하라. 겸손하지만 합리적인 자신감 없이는 성공할 수도 행복할 수도 없다.
>
> -노먼 빈센트 필-

세상을 바꾼 연설가 ❶
단점을 극복한 발표의 달인, 윈스턴 처칠 총리

윈스턴 처칠(Winston Leonard Spencer Churchill, 1874~1965) 총리는 영국의 총리로 잘 알려져 있지만 명연설가로도 유명해요. 하지만 이 훌륭한 연설가에게도 믿기 힘든 사연이 있어요.

어릴 적 처칠은 심각한 말더듬이였어요. 혀가 짧아 말을 더듬는 바람에 친구들에게 놀림을 받았지요. 그래서 처칠은 한동안 말수가 적었어요. 하지만 처칠은 자신의 단점 앞에 좌절하지 않았어요.

'연습하다 보면 언젠가는 잘할 거야.'

처칠은 긍정적인 마음을 갖고 꾸준히 발음 연습을 했어요. 잘 되지 않는 발음을 고치기 위해 같은 단어를 수없이 반복하고 독서와 국어 공부를 게을리하지 않았어요. 그리고 미리 원고를 써서 암기하는 등 준비도 철저히 했죠. 그 결과 높은 수준의 어휘를 구사하고 깊이 있는 내용과 특유의 상상력을 바탕으로 사람들의 마음을 움직이는 훌륭한 연설가가 되었답니다.

제2장

가슴이 두근두근, 다리가 후들후들

"발표 준비는 잘했지?"

귀여운 캐릭터가 그려진 유리컵에 오렌지 주스를 가득 담으며 엄마가 미소를 지었어요. 다온이는 힘없이 엄마를 바라봤습니다.

"엄마, 나 머리 아파."

물론 꾀병이에요. 오늘 발표를 피할 수 있는 방법은 학교를 안 가는 것뿐이다 싶어 꾀병을 부리기로 한 거죠.

다온이의 말에 엄마가 눈이 휘둥그레지며 다온이의 이마를 짚었어요.

"열은 없는데……. 어디가 어떻게 아파?"

엄마의 질문에 다온이는 머리를 이리저리 굴렸어요. 아무래도 머리 아픈 정도로 결석을 허락할 엄마가 아니거든요.

"배도 아픈 것 같고……."

"그래? 왜 그러지?"

엄마가 걱정스러운 표정으로 다온이를 보자, 성공을 예감한 다온이는 조금 더 해 보기로 했어요.

"흠흠! 목도 아파. 말을 잘 못하겠어."

다온이는 '나 정말 아파요'라는 표정으로 엄마를 간절히 바라봤어요.

이제 엄마가 오늘 학교 쉬어야겠다고 말만 해 주면 됩니다. 그런데 엄마의 입에서 나온 말은 전혀 다온이가 예상한 말이 아니었어요.

"병원 가서 주사 꾹 맞고 학교 가자."

"학교를 간다고?"

"그럼! 오늘 중요한 날인데 빠지면 안 되지."

엄마는 단호한 표정이에요. 다온이가 많이 아플 때 어떤 증상을 보이는지 누구보다 잘 아는 엄마이기에 이 정도는 괜찮겠다 싶은 거죠.

"병원부터 가게 옷 입어, 다온아."

다온이는 상황이 자신의 예상과 다른 방향으로 진행되자, 당황했어요. 이러다가 공개수업에 빠지지도 못하고 하나도 안 아픈데 괜히 주사까지 맞게 생겼어요. 다온이는 급히 손을 휘휘 저었어요.

"아니야, 엄마. 이제 괜찮은 것 같아. 병원 안 가도 돼."

"정말 괜찮아?"

"응. 아무렇지도 않아. 하하. 왜 갑자기 안 아프지? 신기하네."

다온이는 어색한 미소를 지으며 앞에 놓인 오렌지 주스를 벌컥벌컥 마셨어요. 이제 엄마에게 어떤 핑계를 대야 할까요?

다온이는 발표할 생각을 하니 갑자기 가슴이 두근두근 뛰기 시작했습니다.

그런 다온이의 마음을 아는지 모르는지 얄미운 시간은 쉬지 않고 흘러갔어요.

오늘따라 친구들은 종일 싱글벙글 웃는 얼굴이에요. 다른 날과 달리 한껏 멋을 부린 친구들도 있죠. 친구들은 수업 시간 내내 힐끔힐끔 시계를 바라보곤 했어요. 모두들 엄마가 올 시간을 기다리고 있는 거예요. 매일 보는 엄마지만, 학교에서 엄마를 만난다는 건 더없이 설레고 행복한 일이죠. 다온이도 발표만 아니었다면 저 친구들처럼 엄마를 기다리며 신이 나 있을지도 몰라요.

드디어 공개수업이 시작되는 4교시. 친구들은 뒤에 있는 엄마들 틈에서 자기 엄마를 찾느라 바쁩니다. 다온이도 뒤를 슬쩍 봤어요. 하늘색 원피스를 입고 예쁘게 화장한 엄마가 다온이를 향해 미소 지으며 손을 흔들어 주었어요. 다온이도 엄마에게 어색하게 미소를 지으며 손을 흔들고는 다시 앞을 바라봤어요.

"제 꿈은 아름다운 연주를 들려주는 피아니스트입니다. 저는 피아노를 연주할 때 가장 행복합니다. 많은 사람들에게 그 행복을 나누어 주고 싶어요."

"저의 꿈은 유치원 선생님입니다. 어린아이를 좋아하기 때문입니다. 어린아이들과 함께 생활하면 항상 즐거울 것 같습니다."

"저는 멋진 아이돌 가수가 되고 싶어요. 저는 노래도 잘하고 춤도 아주 잘 춥니다. 우리 할머니는 제가 노래를 부르면 은쟁반에 옥구슬이 굴러가는 것 같다고 하세요. 그 소리가 무슨 소리인지 들어 본 적은 없지만 좋은 소리일 것 같습니다."

친구들은 모두 큰 목소리로 또박또박 자신의 꿈을 발표했어요. 선생님도 칭찬을 아끼지 않았죠.

"그럼 이번에는 누가 발표를 해 볼까요?"

선생님이 반 친구들을 바라봤어요. 다온이는 습관처럼 얼른 고개를 숙였죠.

그때 하율이가 손을 번쩍 들었어요.

"저요! 제가 하고 싶습니다."

늘 첫 번째로 손을 들던 하율이가 오늘은 뒤늦게 손을 들었어요. 실은 하율이는 친구들에게 순서를 양보했던 거예요. 엄마가 지켜보고 있어서 그런지 오늘따라 먼저 발표하려는 친구들이 많았거든요. 하율이의 마음을 눈치챈 선생님은 하율이를 보고 싱긋 웃어 주었어요.

씩씩하게 교탁 앞으로 걸어 나간 하율이는 엄마들을 향해 고개 숙여 정중하게 인사를 했어요.

"오늘 와 주셔서 진심으로 감사합니다."

예상치 못한 하율이의 행동에 엄마들도 잠시 당황했지만 이내 기분 좋게 웃으시면서 박수를 쳤어요. 친구들은 하율이다운 엉뚱한 행동에 키득키득 새어 나오는 웃음을 겨우 참았죠. 하율이는 흠흠 헛기침을 두어 번 하더니 밝은 표정으로 이야기를 시작했어요.

"'무엇을 선택하느냐보다 선택 이후의 행동이 중요하다.' 우리나라 사람들이 가장 좋아하는 개그맨이자 국민 MC로 불리는 유재석 아저씨가 남긴 명언입니다. 이 말은 제가 개그맨이라는 꿈을 선택한 이후 어떻게 해야 하는지 생각할 수 있게 해 주었습니다."

하율이는 자신이 좋아하는 개그맨 유재석 아저씨의 명언과 함께 자신이 개그맨의 꿈을 갖게 된 이유, 개그맨이 되기 위해 어떤 노력을 하고 있는지에 대해 발표했어요. 열심히 노력해 사람들에게 사랑받는 개그맨이 된 뒤에는 웃음이 필요한 많은 사람들에게 웃음을 주는 것은 물론 도움이 필요한 곳을 찾아가 봉사하는 멋진 사람이 되고 싶다고 했어요. 하율이는 웃으며 말하다가도 강조해야 하거나, 중요하게 생각하는 부분은 진지한 표정을 지으며 더 또박또박 천천히 말하기도 했어요. 그 때문일까요? 다른 친구들의 발표와 달리 하율이의 발표가 더 진솔하게 잘 전달되는 느낌이 들었어요.

"지금까지 그리 멀지 않은 미래에 여러분의 웃음을 책임질 개그계의 새싹! 송하율이었습니다. 감사합니다."

하율이가 재치 있게 마무리하자, 여기저기서 박수가 쏟아졌어요. 선생님은 하율이가 그동안 얼마나 열심히 노력했는지 한눈에 알 수 있었어요. 스스로 노력하고 발전하는 모습이 기특해 선생님은 하율이의 머리를 다정하게 쓰다듬어 주었어요. 하율이는 특유의 장난기 가득한 얼굴로 엄마를 바라보며 브이자를 해 보였어요. 하율이 엄마는 "녀석도 참……." 하며 부끄러운 표정을 지었지만 이내 하율이를 향해 엄지를 척 올려 주었죠.

하율이의 발표 덕에 모두가 즐겁게 웃고 있었지만 단 한 명, 다온이는 웃을 수 없었습니다. 이제 다온이의 순서만 남았거든요.

"마지막으로 우리 다온이가 발표해 볼까요?"

다온이의 이름이 선생님의 목소리를 통해 들리자, 다온이의 가슴은 쉴 새 없이 두근거렸습니다. 손도 덜덜, 다리도 후들후들 떨렸죠. 교탁까지 몇 걸음이면 닿을 거리인데, 오늘따라 마치 기다란 터널 같이 느껴졌어요.

교탁 앞에 선 다온이는 조심스럽게 앞을 바라봤어요. 그런데 이게 무슨 일이죠? 호기심 어린 표정으로 다온이를 바

라보는 친구들의 눈빛이 유령이나 괴물의 눈처럼 느껴졌어요. 다온이는 얼른 고개를 젓고는 발표 내용을 써 온 종이를 내려다봤어요. 그러고는 고개를 푹 숙인 채 기어들어 가는 목소리로 한 자 한 자 읽어 나갔어요.

"저는 의사가…… 되고…… 싶습니다……. 왜냐하면……."

다온이의 목소리는 점점 작아졌어요.

"선생님, 다온이 목소리가 안 들려요."

친구의 불만 섞인 목소리를 듣자, 다온이는 이내 말을 멈추었어요. 발표 내용이 적혀 있는 종이 위로 다온이의 눈물이 뚝뚝 떨어졌지요. 다온이는 말없이 계속 눈물만 흘렸어요. 선생님은 물론 친구들도, 엄마들도 다온이의 예상치 못한 눈물에 깜짝 놀랐어요.

수업이 끝나고 친구들은 모두 엄마 손을 잡고 신이 나서 집으로 돌아갔지만 다온이는 복도에 서서 무표정한 얼굴로 창밖만 바라봤어요. 오늘 다온이의 갑작스러운 행동 때문에 엄마와 선생님이 상담 중이시라 다온이는 기다리고 있었죠.

다온이의 눈물에 엄마는 꽤 많이 놀랐어요. 아침에 아프다고 했던 말이 계속 마음에 걸렸거든요. 선생님은 엄마의 얘기를 듣고 "다온이가 몸이 많이 안 좋았군요."라고 대답했지만 다온이가 운 건 그 이유 때문이 아닌 것 같다고 생각했어요. 아직 남들 앞에 서는 걸 두려워하는 아이에게 너무 무거운 짐을 준 게 아닌가 싶어 선생님은 마음이 아팠어요.

공개수업만큼은 피하게 해 줬어야 했는데 그러지 못해 다온이에게 미안한 마음이 들었어요.

"너 아파서 운 거 아니지?"

다온이가 돌아보자 하율이가 다 안다는 듯한 표정으로 웃고 있었어요. 다온이는 하율이가 자신을 놀리는 것 같은 느낌에 기분이 나빠졌어요. 하지만 지금은 대꾸할 기운도 없고 싸울 기분도 아니어서 피해야겠다는 생각에 앞으로 걸어갔죠.

"너 발표하기 싫어서 운 거잖아."

하율이의 말에, 다온이가 걸음을 멈추고 우뚝 서자 하율이는 얼른 다온이 옆으로 다가왔어요. 그러고는 다온이를 향해 따뜻한 미소를 건넸죠.

"나도 유치원 때 그랬어. 남들 앞에서 발표하는 게 무섭고 떨리고, 혹시 틀리면 어떡하나 걱정되고."

하율이의 말에 다온이의 큰 눈이 더욱 커졌어요.

"누구나 다 마찬가지야. 너만 그런 거 아니니까 힘내."

하율이는 여전히 따뜻한 미소를 지으며 다온이의 등을 토닥토닥 다독여 주었어요. 지금까지 단 한 번도 하율이가 유재석 아저씨처럼 될 수 있을 거라고 생각해 본 적이 없는데, 그 순간 다온이는 하율이가 사람의 마음을 위로해 주는 훌륭한 개그맨이 될 수 있을 거란 생각이 들었어요.

하율이가 다온이의 손에 무언가를 쥐어 주었어요. 작은 캔디가 여러 개 담겨 있는 조그마한 병이었어요.

"잘 먹을게."

다온이가 피식 웃으며 사탕을 꺼내 먹으려는 순간 하율이가 다온이의 손을 덥석 잡았어요.

"지금 먹으면 안 돼! 그 캔디는 평범한 캔디가 아니야."

"그럼 뭔데?"

하율이는 의아해하는 다온이의 귀에 대고 아주 작은 소리로 속삭였어요. 누구도 알면 안 되는 비밀처럼 말이죠.

"바로 자신감 쑥쑥! 용기 팍팍! 발표를 잘하게 해 주는 마

법의 캔디야."

다온이는 눈이 휘둥그레졌어요. 그러고는 이내 고개를 절레절레 저으며 믿지 않는다는 투로 말했어요.

"말도 안 돼. 그런 게 어디 있어?"

"이건 믿는 사람에게는 마법의 캔디지만, 믿지 않는 사람에겐 평범한 캔디밖에 안 돼. 넌 못 믿겠다고 하니까 내가 도로 가져갈게. 이리 줘."

하율이는 다시 캔디 병을 가져가려고 했죠. 다온이는 뺏기기 싫어 캔디 병을 얼른 주머니에 넣고는 괜히 멋쩍어 하율이에게 툴툴거렸어요.

"네가 준 거니까 이젠 내 거지. 줬다가 뺏는 게 어디 있냐?"

"알았어. 나중에 발표하기 전에 꼭 먹어 봐. 아! 그리고 이건 너랑 나, 둘만의 비밀이다!"

"알겠어."

그렇게 대답하고 하율이는 뒤돌아서 왔던 길로 돌아갔어

요. 하율이가 떠나자 다온이는 주머니에 있는 캔디 병을 만지작거렸어요.

'용기를 주는 마법의 캔디라고? 에이, 설마……'

다온이는 아직 하율이의 말이 믿어지지 않았어요.

그리고 다음 날. 바로 마법 캔디의 힘을 시험해 볼 수 있는 기회가 찾아 왔어요.

"다온아! 선생님은 다온이의 발표를 꼭 듣고 싶은데, 어제 못한 발표 한번 해 볼 수 있을까?"

"네?"

선생님의 말에 다온이는 깜짝 놀랐어요. 발표라는 말을 듣는 순간 다온이는 또다시 두근거리기 시작했죠. 어제 일이 있은 후로 선생님이 발표를 다시 시키실 거라고는 생각하지 못했거든요.

발표는 지금뿐만 아니라 중학생, 고등학생, 대학생 그리고 어른이 돼서도 해야 해요. 그래서 선생님은 다온이가 발표 불안증을 이겨냈으면 하는 마음에 또다시 기회를 준 거죠. 물론 선생님은 혹시나 다온이가 또 힘들어하진 않을까 걱정이 되기도 했어요. 이때 앞에 앉은 하율이가 뒤를 돌아 다온이에게 아주 작은 소리로 속삭였어요.

"다온아, 캔디!"

"뭐?"

하율이의 말에 다온이는 얼른 주머니에서 캔디 병을 꺼냈지만 잠깐 망설였어요. 마법의 캔디라니. 유치원생도 아니고 이런 말도 안 되는 이야기를 믿어야 하다니. 다온이는 하율이의 장난에 속는 건 아닌지 의심스러웠어요. 하지만 하율이는 친구들에게 이런 짓궂은 장난을 치는 친구는 아니었죠. 게다가 앞으로 나가기가 너무 떨렸기 때문에 다온이는 속는 셈 치고 작은 캔디 한 알을 꺼내 선생님 몰래 입에 쏙 넣었어요. 역시 마법의 캔디는 다른 캔디들과 마찬가지로 달콤한 맛뿐이었어요.

'다른 캔디랑 똑같은 맛이잖아.'

하율이에게 속았다고 생각한 순간, 이게 웬일이죠? 앞에 나가려고만 하면 쉬지 않고 쿵쿵거리던 가슴이 어느새 안정이 됐고 팔과 다리도 전혀 후들거리지 않았어요. 다온이는 일어나 칠판 앞으로 뚜벅뚜벅 걸어갔어요. 정말 마법의 기운이 샘솟는 것 같았죠. 그리고 친구들이 쳐다보는 시선도 더 이상 두렵지 않았고 격려하는 듯한 선생님의 눈빛도 느

낄 수 있었죠. 앞에만 나가면 발표 내용이 잘 기억나지 않았는데 발표 내용도 또렷하게 다 기억이 났어요.

그 어느 때보다 가벼운 발걸음으로 나오는 다온이를 보고 선생님은 안도했어요. 선생님은 다온이에게 "파이팅!"이라고 속삭이고는 뒤로 가서 다온이의 발표를 지켜봤어요. 다온이는 아주 침착한 목소리로 발표를 시작했어요.

"제 꿈은 아픈 사람의 몸을 치료하고 마음을 위로해 줄 수 있는 의사가 되는 것입니다. 작년에 독감으로 병원에 입원한 적이 있습니다. 몸도 많이 아팠지만 집이 아닌 병원에서 지내야 한다는 게 괜히 무섭기도 했습니다. 그때 의사 선생님께서 재미있는 이야기를 들려주시고 제가 좋아하는 만화 캐릭터도 그려 주셨습니다. 의사 선생님 덕분에 병원이 무섭지 않고 재미있는 곳처럼 느껴졌고, 치료도 잘 받고 건강하게 퇴원할 수 있었습니다. 그래서 저는 그 의사 선생님처럼 환자의 몸과 마음 모두 치료해 줄 수 있는 의사가 되고 싶습니다. 그러기 위해서 공부도 열심히 하고 책도 많이 읽습니다. 앞으로는 봉사 활동도 많이 할 생각입니다. 제가 의사가 된다면 여러분들은 치료비를 깎아 주겠습니다. 감사합니다."

다온이가 꾸벅 인사를 하며 발표를 마치자, 선생님은 다정한 미소를 지어 주셨어요.

"다온아, 멋진 꿈을 가지고 있구나. 자신이 경험한 이야기를 바탕으로 꿈에 대해 멋지게 잘 표현했어. 의사가 되면 선생님도 꼭 치료비 할인해 줘야 해!"

선생님의 말이 끝나기 무섭게 친구들이 서로 자기도 할인해 달라며 외쳐댔어요.

"나도!"

"다온아 까먹으면 안 돼!"

처음으로 끝까지 발표를 한 다온이는 마음이 편안했어요.

'세상에! 정말 마법의 캔디였어.'

하루만 더 일찍 마법의 캔디를 알았으면 엄마에게 발표 잘하는 모습을 보여줄 수 있었을 거라는 생각도 들었어요.

"우리 다온이에게 잘했다고 박수쳐 주자!"

발표 시간이 무섭기만 했는데 친구들이 잘 들어 주고 박수까지 쳐주니 신이 날 수밖에요.

다온이는 하율이를 바라보며 씩 미소 지었어요. 하율이는 다온이에게 잘했다고 엄지를 척 올려 주었죠. 다온이는 이게 꿈이 아닌지 슬쩍 볼을 꼬집어 봤어요.

마법의 캔디와 함께라면 다온이는 더 이상 발표 시간이 두렵지 않았어요. 발표할 일이 생기면 제일 먼저 손을 들었죠.

선생님은 다온이의 변화를 보며 발표하는 데 있어 가장 중요한 건 자신감이라는 걸 다시 한 번 확인했어요.

짜임새 있는 말하기 방법

발표할 때 어떤 말을 해야 할지 잘 모르겠다고요? 생각난 대로 말하다 보니 횡설수설할 때도 많고, 말은 많이 했지만 선생님의 질문과 상관없는 대답을 하게 되는 경우도 있을 거예요. 그건 말할 내용의 핵심을 잡지 못했기 때문이에요. 발표할 내용의 핵심을 잡고 짜임새 있게 발표하는 방법! 함께 알아볼까요?

1. 미리 생각 정리하기

발표를 하다 보면 긴장해서 했던 이야기를 또 하거나, 질문과 상관없는 엉뚱한 내용을 말할 수도 있어요. 여러 사람 앞에서 발표한다는 걸 쉽게 생각해서는 안 돼요. 그 시간 동안 내 이야기를 들어주는 사람들을 위해 제대로 준비하고 발표하는 것이 중요하죠. 발표하기 전 내가 하려는 이야기를 간단하게 적은 뒤 그 내용을 바탕으로 발표하면 훨씬 조리 있게 말할 수 있을 거예요.

2. 발표할 내용 찾기

　발표가 중요하다고 해서 모르는 내용을 무턱대고 말할 수는 없겠죠? 미리미리 발표할 내용을 준비해 둘 수 있는 방법을 알아보아요.

① 호기심 갖고 관찰하기

　평소에 관찰을 잘하는 사람은 이야깃거리가 넘쳐나는 반면, 관찰력이 부족한 사람은 이야깃거리가 부족해 같은 사물에 대한 표현도 달라질 수밖에 없겠죠. 관찰력을 키우기 위해선 주변에 대해 호기심을 가져야 해요. 그리고 관찰한 것과 연관된 것들을 떠올려 보면 할 이야기들이 넘쳐날 거예요.

② 다양한 경험 쌓기

　발표할 때 그냥 알고 있는 정보만 이야기하는 것보다 자신이 경험한 이야기를 보태면 발표 내용이 더 풍부해질 거예요. 평범한 일상 속에 숨어 있는 특별하고 재미있는 경험을 기록해 두면 나중에 발표할 내용과 관련 있는 경험을 찾을 때 도움이 될 수 있어요. 일상에서 경험이 부족한 친구들은 다양한 이야기가 들어 있는 책을 읽는 것도 좋은 방법이에요.

3. 다양한 방법으로 생각 정리하기

발표할 내용은 찾았는데 이것저것 떠오르는 생각들을 어떻게 정리하면 좋을지 모르겠다고요? 쉽게 정리할 수 있는 방법! 함께 배워 볼까요?

① **마인드맵으로 정리하기**

주제를 정했으면 주제를 중심으로 생각나는 것들을 적어 보세요. 예를 들어 '독서'에 대해 글을 쓴다면 '책을 읽어야 하는 이유', '내가 가장 좋아하는 책', '책을 잘 읽는 방법' 등 줄기를 먼저 적고, 그 큰 줄기를 바탕으로 자신의 생각을 하나하나 이어 적으면 되겠죠?

② **육하원칙으로 정리하기**

육하원칙은 논리적이고 분명한 내용을 전달할 때 꼭 있어야 하는 '누가, 언제, 어디서, 무엇을, 어떻게, 왜'의 여섯 가지 요소예요. 육하원칙을 바탕으로 글을 정리하면 발표할 때 좀 더 논리적이고 짜임새 있게 말할 수 있어요.

세상을 바꾼 연설가 ❷
차별과 싸운 인권 운동가, 마틴 루서 킹 목사

마틴 루서 킹(Martin Luther King, 1929~1968) 목사는 인종차별이 심각했던 1950~60년대에 백인의 억압과 차별 속에서 흑인들이 사람답게 살 수 있는 세상을 만들기 위해 평생을 싸운 인권 운동가예요. 그의 가장 강력한 무기는 바로 연설이었죠. 그의 연설은 이해하기 쉬우면서도 강렬한 인상을 심어 주었다고 하는데요. 그 비결을 알아볼까요?

먼저 마틴 루서 킹 목사는 쉬운 단어들과 간결한 문장을 사용해 누구나 연설을 쉽게 이해할 수 있도록 했어요. 그리고 같은 구절을 반복하도록 배치해서 리듬감은 물론 자신이 말하고자 하는 바를 강조했죠. 1963년 8월 28일, 워싱턴에서 열린 노예 해방 10주년 기념 평화 대행진에서 했던 "나에게는 꿈이 있습니다.(I Have a Dream)"라는 연설이 가장 유명한데요. 그 연설에서 "나에게는 꿈이 있습니다."라는 구절을 8번이나 반복하면서 자신의 메시지를 전달했어요. 이 연설은 많은 이들에게 강렬한 인상을 줘 지금까지도 명연설로 남아 있어요.

제3장

발표도 욕심 부리면 안 돼

"저요!!!"

이번에도 손을 번쩍 든 사람은 다온이예요. 선생님의 말씀이 끝나기가 무섭게 손을 드는 통에 하율이도 다온이에게 두 손 두 발 다 들었죠. 혹시 틀린 답을 말할까 봐 용기 내지 못했던 다온이가 자신감을 갖게 된 것은 정말이지 다행스러운 일이에요. 하지만 문제는 어느 순간부터 다온이가 자신감을 지나치게·많이 갖게 됐다는 거죠.

선생님은 많은 아이들이 고르게 발표를 했으면 좋겠는데 다온이가 워낙 빠르게 손을 들고 "저요! 제가 하고 싶어요."라고 말하는 통에 다른 친구들에게까지 발표의 기회가 가지 않을 때가 많아요. 다온이의 반 친구들도 '어차피 다온이가 할 텐데 뭘…….'이란 생각으로 발표할 시도조차 하지 않으니 선생님 고민이 날로 늘어 갈 수밖에요.

다온이의 문제는 그뿐만이 아니에요. 다온이는 친구들의 발표를 전혀 듣지 않거든요. 왜냐하면 친구들의 발표에 관심이 없기 때문이죠. 자신의 말하기가 끝나고 나면 또 다른 발표를 하려고 준비하고, 시도 때도 없이 손을 들거나 다른 친구의 말을 막는 통에 감정이 상한 친구들이 한둘이 아니에요.

그런 다온이를 보며 하율이는 자신도 모르게 깊은 한숨을 내쉬었어요. 충분히 잘할 수 있는 친구라 자신감을 좀 가졌으면 하는 마음에 마법의 캔디를 건넨 것이 오히려 다온이에게 독이 된 것 같아 걱정이 되었어요. 선생님과 하율이의 걱정을 아는지 모르는지 다온이는 오늘도 손을 들며 여러 번 발표를 했어요.

 물론 자신의 의견을 말하는 것은 중요한 일이지만 다른 친구의 의견을 듣는 것 또한 매우 중요한 일이에요. 친구의 의견에서 배울 점을 찾을 수도 있고 말하는 친구의 의견을 끝까지 들어주는 것이 예의이기 때문이죠. 다온이는 이점을 지나친 거예요.

 그러다 며칠 후 문제가 터지고 말았어요. 반 친구들은 햇살 초등학교 토론 대회의 반 대표로 다온이와 하율이를 추천했습니다. 토론 대회는 고학년은 찬반 토론을, 저학년은 연설을 하는 방식으로 이루어지는데 반 친구들은 발표를 잘하는 다온이와 하율이야 말로 제격이라고 생각한거죠.

 "선생님! 다온이를 반 대표로 추천합니다!"
 "발표를 재밌게 잘하는 하율이가 나가는 게 좋을 것 같습니다!"

반 친구들의 의견에 선생님도 흔쾌히 동의했어요. 다온이와 하율이는 자신의 생각을 조리 있게 잘 말하니 분명 훌륭한 조가 될 거라고 선생님도 반 친구들도 기대했죠. 하지만 그 기대는 대회를 하루 앞두고 산산조각 나고 말았어요.

"왜 너만 말 많이 해!"
"그 부분은 내가 할래."
"그것도 내가 하면 안 돼?"

다온이와 하율이는 며칠 동안 머리를 싸매며 연설할 원고를 작성했어요. 그리고 발표 순서와 발표한 부분을 나눠야 하는데 다온이가 자신이 더 많이 말하고 싶다고 계속 욕심을 부리는 거예요. 그렇게 되다 보니 제대로 역할을 나누지도 못하고 시간만 흘렀어요. 한참 동안 다온이를 설득하던 하율이는 결국 폭발하고 말았어요.

"그럼 너 혼자 다 해! 난 안 할 거니까."

 그렇게 하율이는 버럭 화를 내고는 집으로 먼저 가 버렸어요. 한 번도 화낸 적 없이 늘 웃기만 하던 하율이가 화를 내자 다온이는 깜짝 놀랐어요.

마법의 캔디 덕분에 다온이는 이제 자신감도 생기고 싫어하던 발표도 잘하게 되었는데 오히려 요즘에는 안 좋은 일이 더 많은 것 같습니다.

"다온아, 친구들 이야기도 들어줘야지."

"다온아, 다른 친구도 말할 수 있게 배려해 주면 어떨까?"

늘 칭찬을 해 주시던 선생님은 언제부터인가 칭찬보다 이렇게 꾸중 섞인 말씀을 더 많이 하십니다. 그뿐만이 아니에요. 다온이를 '잘난 척쟁이'라고 놀리는 친구들도 생겼어요. 이제는 항상 다온이를 도와주던 하율이마저 화를 내며 가 버린 거죠.

'그냥 잘하고 싶었을 뿐인데, 잘할 수 있게 돼서 너무 좋았을 뿐인데……'

대체 뭐가 잘못된 걸까요? 도무지 알 수가 없었어요. 누가 설명이라도 해 주면 좋을 텐데요. 다온이는 가슴에 돌덩이라도 올려놓은 듯 답답했습니다.

이대로 토론 대회를 무사히 마칠 수 있을까요? 혼자 토론 대회에 나갈 생각을 하자 다시 예전처럼 가슴이 쿵쾅 거리기 시작했어요.

다온이는 책상 위에 놓인 캔디 병을 가만히 바라봤어요.
캔디 병을 보니 안심이 되는 것 같았어요.
    '괜찮아. 내일도 저 마법의 캔디만 있다면 아무 문제 없어.'

다온이는 괜히 빈주먹을 불끈 쥐었어요.

드디어 토론 대회 날 아침이 밝았습니다. 여러 가지 생각들로 한참을 뒤척이다 겨우 잠이 들어서인지, 다른 때보다 다온이의 발걸음이 무거웠어요. 터덜터덜 무거운 발걸음을 겨우 옮겨 학교 앞에 거의 다다랐을 때였어요. 무언가 생각난 듯 주머니를 더듬거리던 다온이의 눈이 휘둥그레졌어요.

"왜 그래? 뭐 놓고 왔어?"

옆에 있던 친구 소연이가 다온이의 표정을 살피고는 걱정스럽게 물었어요.

"캔디를 안 가지고 왔나 봐."

"뭐? 캔디? 난 또 뭐 중요한 거라도 놓고 온 줄 알았잖아. 늦겠다. 빨리 가자."

다온이가 말한 캔디가 용기를 주는 마법의 캔디라는 걸 알 리 없는 소연이는 별거 아니라는 듯 다온이의 발걸음을 재촉했어요.

'어떡하면 좋지? 발표를 하려면 마법의 캔디가 꼭 필요한데······.'

그때, 다온이를 지나쳐 교실로 쓱 들어가는 하율이가 보였어요.

'맞다! 하율이가 마법의 캔디를 가지고 있을 거야!'

다온이는 서둘러 하율이를 쫓아가 하율이의 등을 '툭툭' 치며 밝은 목소리로 불렀어요.

"하율아!"

어제 하율이와 작은 다툼이 있었지만, 평소의 하율이라면 아무 일도 없었던 것처럼 싱긋 웃어 줄 거라 생각했기 때문이에요. 하지만 다온이의 기대는 한 번에 무너졌어요. 하율이는 다온이의 물음에 대답은커녕, 차가운 표정으로 휙 돌아서는 거예요. 지금까지 단 한 번도 보인 적 없던 하율이의 차가운 모습에 다온이는 우뚝 멈춰 섰어요.

'하율이가 아직 화가 안 풀렸나?'

마음이 쓰이면서도 내가 뭘 잘못했다고 화를 내는 건가

싶은 생각에 서운하기도 했어요.

다온이는 토론 대회가 더욱 걱정됐어요. 그렇게 복잡한 생각들과 함께 시간이 흘러가고 있었어요.

수업 시간에도 쉬는 시간에도 다온이는 하율이의 표정이 생각나 도저히 아무것도 할 수가 없었어요.

하루 종일 집중하지 못한 건 다온이뿐만이 아니었어요. 하율이도 당황하던 다온이의 표정이 떠올라 아무것도 할 수 없었어요. 하지만 아무 일도 없었던 것처럼 다온이를 대하고 싶진 않았어요. 토론 대회를 준비하며 서로를 배려하고 즐겁게 발표할 생각보다 자신이 더 많이 발표하고 싶다고 욕심 부리는 다온이에게 실망했기 때문이죠.

3교시가 끝난 쉬는 시간. 친구들은 모두 토론 대회가 열리는 강당으로 출발했어요. 하율이도 친구들을 따라 나섰어요. 다온이도 발표 원고를 챙겨 힘없이 터덜터덜 발걸음을 옮겼죠. 다온이는 앞에서 걸어가는 하율이의 뒷모습을 바라보며 나지막이 한숨을 내쉬었어요.

'하율이에게 마법의 캔디를 받아야 하는데……'

다온이는 토론 대회 직전이 되자 마음이 더 다급해졌어요. 하율이가 가지고 있는 마법의 캔디가 당장 필요하지만 하율이는 화가 풀리지 않았고……. 결국 용기를 내서 큰 소리로 불렀어요.

"송하율! 하율아!"

어찌나 큰 소리로 불렀는지 한참 앞에 가던 친구들도 뒤를 돌아볼 정도였어요. 하율이도 깜짝 놀라 다온이를 돌아봤어요. 다온이는 친구들의 시선이 자신을 향하자 얼굴이 빨개진 채 어색하게 웃고 있었어요. 그 모습에 하율이는 자신도 모르게 피식 웃음이 새어 나왔어요.

참 이상한 일이죠. 하율이의 미소를 봤을 뿐인데 다온이는 한결 마음이 놓이는 기분이었어요.

강당으로 걸어가며 발표에 대한 이야기를 나누던 중, 하율이는 조심스럽게 자신의 생각을 다온이에게 꺼내 놓았어요.

"발표 시간은 반 친구들이 자신의 생각을 말하고 다른 친구의 생각을 듣고 하는 시간이야. 그런데 너는 마치 발표 많이 하기 게임이라도 하는 사람처럼 다른 친구들의 의견은 듣지도 않은 채 네 생각만 말하려고 계속 손을 들어. 선생님께서 다른 친구에게 기회를 주려고 해도 네가 계속 '저요! 저요!' 하고 소리치니까 선생님도 꽤 난감해 하시는 눈치였어."

다온이는 친구들이 왜 '잘난 척쟁이'라고 놀렸는지 선생님께서 하신 말씀이 무슨 의미인지 이제 알 것 같았어요.

"그랬구나……."

풀이 죽은 다온이를 보고 조금 미안해진 하율이는 미소 지으며 말했어요.

"지금 네가 내 얘기에 귀를 기울여 주고 고개를 끄덕여 주듯이 너도 친구들의 의견을 잘 듣고 반응해 주면 다들 너를 더 좋아하게 될 거야."

다온이는 하율이의 말에 표정이 조금 밝아졌어요.

"그럼 너도 내가 내 얘기만 해서 화가 난 거야?"

다온이의 질문에 하율이는 어떻게 말해야 할까 잠시 고민하다 이내 입을 열었어요.

"우리는 같은 팀으로 토론 대회에 나가는 거잖아. 그래서 우리 둘의 생각을 정리해서 원고도 만들었고. 그런데 내가 발표할 부분은 계속 줄이고 너만 많이 하고 싶다고 주장하니까 솔직히 서운하기도 하고, 이런 게 무슨 팀인가 싶어서 속상했어."

하율이의 말에 다온이는 갑자기 부끄러워졌습니다.

"미안해. 하율아."

다온이는 진심을 다해 하율이에게 사과했어요. 당연히 다온이의 진심은 하율이에게 고스란히 전해졌죠.

"나도 미안해, 다온아."

하율이는 대답과 함께 씩 웃어 보였어요. 하율이와 화해를 하자 다온이는 마음이 편안해졌어요. 물론 하율이도 같은 마음이었어요. 그때 갑자기 다온이가 뭔가 생각난 듯 손

뻑을 딱 치고는 말했어요.

"그런 의미에서 나 마법의 캔디 하나만!"

다온이가 하율이 앞으로 손바닥을 내밀었어요. 이제 하율이에게 마법의 캔디만 받으면 오늘 토론 대회도 문제없다는 생각에 벌써부터 자신감이 쑥쑥 솟아나는 기분이었어요.

그런데 이게 웬일이죠?

"없어, 그런 캔디."

하율이는 헤헤 웃으며 머리를 긁적였어요.

"에이, 장난하지 말고 빨리."

다온이가 다시 손을 내밀었지만 하율이는 고개를 절레절레 저었어요.

"정말이야!"

"없다니! 너도 먹는다고 했잖아. 그럼 당연히……."

"처음부터 없었어. 너에게 용기를 주고 싶어서 내가 꾸며 낸 이야기야."

다온이는 하율이의 입에서 나오는 말을 믿을 수가 없었어요. 그럼 그동안의 일들은 대체 뭐죠? 분명히 그 캔디를 먹기 시작하면서부터 자신감도 생겼고 용기도 얻었는데요. 그래서 떨지 않고 발표도 할 수 있었던 건데, 하율이가 꾸며 낸 이야기라니요?

"그냥 평범한 캔디인데 마법의 캔디라고 믿다 보니 자신감이 생겼을 거야."

마법의 캔디가 없다고 생각하니 다온이의 가슴은 예전처럼 콩닥콩닥 뛰기 시작했어요. 어쩐지 손도 떨리는 기분이고, 어제 잠자기 전까지 외운 토론 대회 원고도 머릿속에서 뒤죽박죽이 되는 것 같았어요.

"이제 곧 햇살 초등학교 토론 대회를 시작합니다. 토론 대회 참가자들은 모두 단상 앞으로 와 주십시오."

 스피커를 통해, 교감 선생님의 목소리가 쩌렁쩌렁 울려 퍼졌습니다. 그 소리에 다온이의 가슴은 더 빠르게 뛰기 시작했어요. 마법의 캔디가 없다니, 다온이는 이대로 도망가고 싶은 생각뿐이었어요.

 분명히 달라졌다고 생각했는데, 다시 예전과 똑같은 상황으로 돌아온 것입니다. 반 친구들 앞에서도 떨었는데 이제 전교생들 앞에 서야 한다니……. 다온이는 갑자기 눈물이 주르르 흘렀어요. 하율이는 다온이에게 다독이는 말을 건넸어요.

 "다온아, 너는 이제 마법의 캔디 없이도 충분히 잘할 수 있어."

 "아니야! 나는 못해. 내가 지금까지 잘했던 건 마법의 캔디 때문이었어. 그런데 그게 평범한 캔디였다니."

 "다온아……."

 "이제 어떡해……."

토론대회 참가자들은 모두 "단상앞으로" 와 주십시오

다온이는 말을 잇지 못하고 주저앉아 엉엉 울어 버렸어요.
다온이가 놀랄 거라 예상하지 못했던 하율이는 당황

했어요. 하율이는 다온이가 평범한 캔디였다는 사실을 알면 더 기뻐할 줄 알았거든요. 그저 다온이에게 용기를 주고 싶은 마음에 평범한 캔디를 마법의 캔디라고 속여서 준 건데 오히려 다온이를 힘들게 한 것 같아 하율이도 옆에서 엉엉 울고 싶은 기분이었어요. 다온이가 울고 하율이는 옆에서 이러지도 저러지도 못하는 사이, 반 친구가 다급하게 뛰어 왔어요.

"다온아, 하율아. 선생님께서 빨리 오래."

시간을 보니 토론 대회에 나갈 시간이 다 된 거예요. 그러자 다온이는 더 크게 울었어요. 하율이는 이대로 발표를 하기는 어렵다고 생각했어요. 친구가 옆에서 재촉하기 시작했습니다.

"얘들아, 시간 없어. 빨리 가야 돼."

하율이는 뭔가 생각이 떠오른 듯한 표정을 짓더니 다온이의 손을 잡았어요. 다온이는 눈물을 뚝뚝 흘리며 하율이를 올려다봤죠. 하율이는 다온의 손을 잡아 손바닥이 위로 오게 펼치고는 그 위에 손가락으로 글자를 썼어요.

"용……기……?"

하율이가 손가락으로 쓰는 글자를 다온이가 읽자 하율이는 다정한 미소를 보이며 고개를 끄덕였어요.

"내가 용기를 나눠 준 거야. 날아가지 않게 조심해."

하율이는 다온이의 손을 꼭 쥐어 주었어요. 다온이는 피식 웃음이 났어요. 그러고는 꼭 쥔 주먹을 바라봤어요. 하

 율이의 말은 이상한 힘을 가지고 있나 봅니다. 어쩐지 정말 그렇게 될 거 같은 기분이 드니까요.
 "오늘 우승할 수 있지?"
 하율이의 질문에 다온이는 활짝 미소를 지었어요.
 "당연하지! 너랑 내가 같은 팀인데."
 하율이와 다온이는 씩씩하게 단상을 향해 걸어갔어요. '햇살 초등학교 토론 대회'라고 쓰인 현수막이 바람에 펄럭이며 하율이와 다온이를 맞이하고 있었어요.

다온이는 거실에 걸린 상장을 기분 좋게 바라봤어요. 상장에는 '햇살 초등학교 토론 대회 저학년 부문 우수상'이라고 적혀 있었어요. 최우수상을 받지 못한 게 내심 아쉬웠죠. 하지만 다온이 엄마와 아빠는 '발표'라면 생각만으로도 식은땀이 나던 다온이가 많은 사람들 앞에서 자신의 생각을 멋지게 표현하고 받은 상이기에 그 어떤 상보다도 값지다며 칭찬을 아끼지 않았어요.

"휴우. 큰일이네."

아빠의 큰 한숨 소리에 다온이는 걱정스러운 표정으로 아빠를 바라봤어요.

"여보, 청심환 하나 없어?"

"없는데. 많이 긴장돼요?"

"응. 열심히 준비했는데 워낙 중요한 프레젠테이션이라……. 많이 떨리네."

많은 사람들 앞에서 발표하는 건 어른이 되어서도 어렵

고 두려운 일인가봐요. 다온이 아빠는 심장이 마치 내려앉을 듯 쿵쿵거리는 통에 깊은 한숨을 얼마나 쉬어댔는지 모릅니다.

다온이는 그런 아빠의 모습을 보고 괜히 웃음이 났어요. 아무래도 다온이는 아빠를 닮은 것 같죠?

"아빠, 잠깐만요."

다온이는 방으로 들어가 캔디 병을 가져와 아빠 앞으로 내밀었죠.

"웬 사탕이야?"

아빠는 어리둥절한 표정으로 물었어요. 다온이는 씩 웃으며 둘만의 비밀이라는 듯 아빠에게 바짝 다가가 작은 목소리로 속삭였어요.

"아빠, 그건 보통 캔디가 아니에요. 자신감 쑥쑥! 용기 팍팍! 발표를 잘하게 해 주는 마법의 캔디라고요."

다온이의 말에 아빠는 허허 웃더니, 다온이의 머리를 쓰다듬고는 집을 나섰습니다.

"하여간 엉뚱하단 말이야."

아빠는 캔디 병을 바라보다가 캔디 하나를 꺼내 입 속으로 쏙 넣었어요. 캔디가 마법을 부리지는 못하겠지만 캔디 속에 전해진 다온이의 응원이 분명 아빠에게 큰 용기를 줄 거예요.

마음을 움직이는 6가지 발표 기술

> 발표는 자신감과 발표문의 내용이 중요하지만, 그보다 더 중요한 건 바로 '진심'이에요. 발표 내용은 항상 진정성을 담고 있어야 사람들의 공감을 불러올 수 있죠. 그럼, 어떤 발표가 듣는 사람의 마음을 움직일 수 있을까요?

1. 노래하듯 말하기

발표나 연설을 할 때 작은 목소리로 하는 것보다 큰 소리로 말하는 것이 사람들을 집중시키는 데 도움이 돼요. 하지만 처음부터 끝까지 큰 소리로 말한다면 어떨까요? 말하는 사람도 힘들겠지만 듣는 사람도 시끄럽게 느껴지고 발표 내용을 이해하기 힘들 수도 있겠죠.

발표하는 내용에 따라 목소리의 크기나 감정 등을 다르게 표현한다면 듣는 사람도 지루하지 않게 들을 수 있어요. 중요한 부분은 큰 소리로, 설득하는 부분이나 감성적인 부분은 낮고 부드러운 목소리로 신뢰감이 들게 조절하는 거예요. 마치 노래하

듯 말이죠. 그럼 듣는 사람도 전하고자 하는 핵심 내용을 잘 파악할 수 있어요.

2. 이미지 자료 활용하기

"백 번 듣는 것이 한 번 보는 것만 못하다."라는 말처럼 설명보다 이미지를 보는 것이 훨씬 더 쉽고 재미있게 이해할 수 있기 때문이죠. 파워포인트 등을 활용해 사진과 영상, 표, 그래프 등 다양한 방식으로 자신의 생각을 전달하거나, 직접 그리거나 사진을 찍어 붙여 주면 좋겠죠? 자료나 관련 도서가 있다면 해당 장면을 보여 주며 설명하는 것도 좋은 방법이에요.

3. 실수도 기회로 바꾸는 '유머' 활용하기

발표할 때 웃음을 주는 가벼운 농담이나 유머를 잘 사용하면 듣는 사람들의 관심을 집중시킬 수 있고 발표자에 대한 호감도 높일 수 있어요. 하지만 발표 내용과 관련이 없거나 다른 사람들이 공감하기 어려운 농담은 피해야겠죠?

4. 몸으로 말하기

말은 입으로만 하는 게 아니라 온몸으로 하는 거예요. 말할 때 손동작이나 몸을 이용해 감정 표현을 하면 사람들이 더 쉽게 감동하고 몰입할 수 있어요. 이렇게 말의 효과를 더하기 위해 하는 몸짓이나 손짓을 제스처라고 해요. 자연스러운 제스처는 듣는 사람의 시선을 집중시키고 마음을 움직이게 하는 강력한 힘을 발휘해요.

5. 잘 들어주기

에이브러햄 링컨, 버락 오바마, 오프라 윈프리 등 말 잘하기로 유명한 위인들의 공통점은 모두 다른 사람의 말을 잘 들어 주고 공감할 줄 안다는 거예요. 같은 주제에 대해 친구들은 어떤 생각을 하는지, 나와 어떤 점이 비슷하고 또 어떤 점이 다른지 등 친구들의 이야기에 귀 기울이다 보면 자신이 발표해야 할 내용이 더 풍부해지는 경험을 하게 될 거예요.

6. 발표 예절 지키기

　우리 생활 곳곳에도 지켜야 할 예절이 있듯이 발표에도 예절이 있어요. 선생님의 이야기가 끝나지도 않았는데 미리 손을 들고 있거나, 다른 친구들이 발표할 기회를 빼앗아 자신만 발표를 하려고 한 적은 없나요? 이러한 행동은 모두 발표 예절에 어긋나요. 또한 자신이 발표하지 않는다고 해서 발표하는 친구의 이야기를 듣지 않고 딴 짓을 하는 것도 역시 안 되겠죠? 내가 발표 예절을 지키지 않으면 친구들도 지키지 않는다는 사실을 꼭 기억하세요.

세상을 바꾼 연설가 ❸
평창 동계 올림픽 유치의 주역, 나승연 대변인

　2011년 7월, 2018년 동계 올림픽을 우리나라 평창에 유치하기 위해 김연아 선수를 비롯한 여러 명의 대표들이 국제 올림픽 위원회 총회에서 프레젠테이션을 했어요. 우리나라 대표 중 부드럽고 차분한 목소리와 훌륭한 말솜씨 그리고 신뢰감을 주는 눈빛으로 준비한 이야기를 감동적으로 전달한 사람이 있었어요. 바로 나승연 대변인이에요. 나승연 대변인은 많은 사람들에게 깊은 인상을 남겼죠.
　나승연 대변인은 '청중과의 소통과 끝없는 연습'이 사람의 마음을 움직일 수 있다고 말해요. 나승연 대변인은 프레젠테이션을 하기 전 원고를 100번 이상 소리 내어 읽는다고 해요. 그리고 프레젠테이션 중간에 원활한 소통을 위해 여러 부분들을 고려한다고 합니다. 실제로 국제 올림픽 총회 프레젠테이션에서 나승연 대변인은 프랑스어를 섞어 쓰고 유머를 구사하면서 친밀감을 높였죠. 이런 노력들이 있었으니 진심은 전달이 더 잘 됐겠죠?
　국제 올림픽 총회 후, 평창은 2018년 동계 올림픽 개최지로 선정됐고 나승연 대변인은 평창 동계 올림픽 유치의 주역으로 꼽히게 되었어요.

나도 이제 초등학생! OX 퀴즈!

이제 발표가 두렵지 않나요?
발표 시간이 기다려진다고요?
그렇다면 마지막 관문!
OX 퀴즈를 풀고 내 마음을 점검해 봐요.

맞는 답에 색칠하세요!

발표가 자신 없다고 발표를 피해야 할까요?

 네, 선생님과 눈이 마주치지 않게 피해 다닐 거예요.

 아니오, 자신 없지만 계속 도전할 거예요.

발표는 미리 준비해야 할까요?

 네, 집에서 무슨 이야기를 어떻게 할지 준비해 올 거예요.

 아니오, 선생님이 발표를 시키시면 그때 생각할 거예요.

발표를 하다 실수를 하면 그만둬야 할까요?

 네, 그만하고 자리로 들어갈 거예요.
 아니오, 실수를 하더라도 준비한 내용을 모두 발표할 거예요.

발표는 오래할수록 좋을까요?

 네, 제가 하고 싶었던 말을 모두 할 거예요.
 아니오, 꼭 필요한 말만 할 거예요.

친구들의 발표를 열심히 들어야 할까요?

 네, 친구들은 어떤 생각을 하는지 들을 거예요.
 아니오, 친구들이 발표할 때 제 발표를 준비할 거예요.

발표를 많이 하고 싶어도 친구들에게 양보해야 할까요?

 네, 친구들도 골고루 발표할 수 있게 양보할 거예요.
 아니요, 제가 제일 많이 발표해야 해요.